Herangedämmert kam der Abend,
Wilder toste die Flut,
Und ich saß am Strand und schaute zu
Dem weißen Tanz der Wellen,
Und meine Brust schwoll auf wie das Meer,
Und sehnend ergriff mich ein tiefes Heimweh
Nach dir, du holdes Bild,
Das überall mich umschwebt
Und überall mich ruft,
Überall, überall,
Im Sausen des Windes, im Brausen des Meers
Und im Seufzen der eigenen Brust.

Erklärung

Heinrich Heine

Die Nordsee

Fotos von Günter Pump

Husum

– – – Die Eingeborenen sind meistens blutarm und leben vom Fischfang, der erst im nächsten Monat, im Oktober, bei stürmischem Wetter, seinen Anfang nimmt. Viele dieser Insulaner dienen auch als Matrosen auf fremden Kauffahrteischiffen und bleiben jahrelang vom Hause entfernt, ohne ihren Angehörigen irgendeine Nachricht von sich zukommen zu lassen. Nicht selten finden sie den Tod auf dem Wasser. Ich habe einige arme Weiber auf der Insel gefunden, deren ganze männliche Familie solcherweise umgekommen; was sich leicht ereignet, da der Vater mit seinen Söhnen gewöhnlich auf demselben Schiffe zur See fährt.

Das Seefahren hat für diese Menschen einen großen Reiz; und dennoch, glaube ich, daheim ist ihnen allen am wohlsten zumute. Sind sie auch auf ihren Schiffen sogar nach jenen südlichen Ländern gekommen, wo die Sonne blühender und der Mond romantischer leuchtet, so können doch alle Blumen dort nicht den Leck ihres Herzens stopfen, und mitten in der duftigen Heimat des Frühlings sehnen sie sich wieder zurück nach ihrer Sandinsel, nach ihren kleinen Hütten, nach dem flackernden Herde, wo die Ihrigen, wohl verwahrt in wollenen Jacken, herumkauern und einen Tee trinken, der sich von gekochtem Seewasser nur durch den Namen unterscheidet, und eine Sprache

Auf der Insel Norderney hat Heinrich Heine wohl den größten Teil der „Reisebilder. Die Nordsee (1826). Dritte Abteilung" geschrieben. Vollendet hat er sie in Lüneburg.

schwatzen, wovon kaum begreiflich scheint, wie es ihnen selber möglich ist, sie zu verstehen.

Was diese Menschen so fest und genügsam zusammenhält, ist nicht so sehr das innig mystische Gefühl der Liebe, als vielmehr die Gewohnheit, das naturgemäße Ineinander-Hinüberleben, die gemeinschaftliche Unmittelbarkeit. Gleiche Geisteshöhe oder, besser gesagt, Geistesniedrigkeit, daher gleiche Bedürfnisse und gleiches Streben; gleiche Erfahrungen und Gesinnungen, daher leichtes Verständnis untereinander; und sie sitzen verträglich am Feuer in den kleinen Hütten, rücken zusammen, wenn es kalt wird,

Thalatta! Thalatta!
Sei mir gegrüßt, du ewiges Meer!
Sei mir gegrüßt zehntausendmal,
Aus jauchzendem Herzen,
Wie einst dich begrüßten
Zehntausend Griechenherzen,
Unglück bekämpfende, Heimat verlangende,
Weltberühmte Griechenherzen.

Es wogten die Fluten,
Sie wogten und brausten,
Die Sonne goss eilig herunter
Die spielenden Rosenlichter,
Die aufgescheuchten Möwenzüge
Flatterten fort, laut schreiend,
Es stampften die Rosse, es klirrten die Schilde,
Und weithin erscholl es, wie Siegesruf:
Thalatta! Thalatta!

Meergruß

an den Augen sehen sie sich ab, was sie denken, die Worte lesen sie sich von den Lippen, ehe sie gesprochen worden, alle gemeinsamen Lebensbeziehungen sind ihnen im Gedächtnisse, und durch einen einzigen Laut, eine einzige Miene, eine einzige stumme Bewegung erregen sie untereinander so viel Lachen oder Weinen oder Andacht, wie wir bei unseresgleichen erst durch lange Expositionen, Exspektorationen und Deklamationen hervorbringen können. Denn wir leben im Grunde geistig einsam, durch eine besondere Erziehungsmethode oder zufällig gewählte, besondere Lektüre hat jeder von uns eine verschiedene Charakterrichtung empfangen, jeder von uns, geistig verlarvt, denkt, fühlt und strebt anders als die andern, und des Missverständnisses wird so viel, und selbst in weiten Häusern wird das Zusammenleben so schwer, und wir sind überall beengt, überall fremd und überall in der Fremde.

In jenem Zustande der Gedanken- und Gefühlsgleichheit, wie wir ihn bei unseren Insulanern sehen, lebten oft ganze Völker und haben oft ganze Zeitalter gelebt. Die römisch-christliche Kirche im Mittelalter hat vielleicht einen solchen Zustand in den Korporationen des ganzen Europa begründen wollen und nahm deshalb alle Lebensbeziehungen, alle Kräfte und Erscheinungen, den ganzen physischen und moralischen Menschen unter ihre Vormundschaft. Es lässt sich nicht leugnen, dass viel ruhiges Glück dadurch gegründet ward und das Leben warm-inniger blühte und die Künste, wie still hervorgewachsene Blumen, jene Herrlichkeit entfalteten, die wir noch jetzt anstaunen und mit all unserem hastigen Wissen nicht nachahmen können. Aber der Geist hat seine ewigen Rechte, er lässt sich nicht eindämmen durch Satzungen und nicht einlullen durch Glockengeläute; er zerbrach seinen Kerker und zerriss das eiserne Gängelband, woran ihn die Mutterkirche leitete, und er jagte im Befreiungstaumel über die ganze Erde, erstieg die höchsten Gipfel der Berge, jauchzte vor Übermut, gedachte wieder uralter Zweifel, grübelte über die Wunder des Tages und zählte die Sterne der Nacht. Wir kennen noch nicht die Zahl der Sterne, die Wunder des Tages haben wir noch nicht enträtselt, die alten Zweifel sind mächtig geworden in unserer Seele – ist jetzt mehr Glück darin als ehemals? Wir wis-

sen, dass diese Frage, wenn sie den großen Haufen betrifft, nicht leicht bejaht werden kann; aber wir wissen auch, dass ein Glück, das wir der Lüge verdanken, kein wahres Glück ist und dass wir, in den einzelnen zerrissenen Momenten eines gottgleicheren Zustandes, einer höheren Geisteswürde, mehr Glück empfinden können als in den lang hinvegetierten Jahren eines dumpfen Köhlerglaubens.
Auf jeden Fall war jene Kirchenherrschaft eine Unterjochung der schlimmsten Art. Wer bürgte uns für die gute Absicht, wie ich sie eben ausgesprochen? Wer kann beweisen, dass sich nicht zuweilen eine schlimme Absicht beimischte? Rom wollte immer herrschen, und als seine Legionen fielen, sandte es Dogmen in die Provinzen. Wie eine Riesenspinne saß Rom im Mittelpunkte der lateinischen Welt und überzog sie mit seinem unendlichen Gewebe. Generationen der Völker lebten darunter ein beruhigtes Leben, indem sie das für einen nahen Himmel hielten, was bloß römisches Gewebe war; nur der höher strebende Geist, der dieses Gewebe durchschaute, fühlte sich beengt und elend, und wenn er hindurchbrechen wollte, erhaschte ihn leicht die schlaue

Erinnerung an alte Zeiten: ein kleines Fischerhaus

Weberin und sog ihm das kühne Blut aus dem Herzen; – und war das Traumglück der blöden Menge nicht zu teuer erkauft für solches Blut? Die Tage der Geisteskechtschaft sind vorüber; altersschwach, zwischen den gebrochenen Pfeilern ihres Colisäums sitzt die alte Kreuzspinne und spinnt noch immer das alte Gewebe, aber es ist matt und morsch, und es verfangen sich darin nur Schmetterlinge und Fledermäuse und nicht mehr die Steinadler des Nordens.

– Es ist doch wirklich belächelnswert, während ich im Begriff bin, mich so recht wohlwollend über die Absichten der römischen Kirche zu verbreiten, erfasst mich plötzlich der angewöhnte protestantische Eifer, der ihr immer das Schlimmste zumutet; und eben dieser Meinungszwiespalt in mir selbst gibt mir wieder ein Bild von der Zerrissenheit der Denkweise unserer Zeit. Was wir gestern bewundert, hassen wir heute, und morgen vielleicht verspotten wir es mit Gleichgültigkeit.

Auf einem gewissen Standpunkte ist alles gleich groß und gleich klein, und an die großen europäischen Zeitverwandlungen werde ich erinnert, indem ich den kleinen Zustand unserer armen Insulaner betrachte. Auch diese stehen an der Grenze einer solchen neuen Zeit, und ihre alte Sinneseinheit und Einfalt wird gestört durch das Gedeihen des hiesigen Seebades, indem sie dessen Gästen täglich etwas Neues ablauschen, was sie nicht mit ihrer altherkömmlichen Lebensweise zu

3510
4208

Wie schön ist die Sonne!
So sprach nach langem Schweigen der Freund,
Der mit mir am Strande wandelte,
Und scherzend halb und halb wehmütig,
Versichert' er mir: die Sonne sei
Eine schöne Frau, die den alten Meergott
Aus Konvenienz geheiratet;
Des Tages über wandle sie freudig
Am hohen Himmel, purpurgeputzt
Und diamantenblitzend
Und allgeliebt und allbewundert
Von allen Weltkreaturen,
Und alle Weltkreaturen erfreuend
Mit ihres Blickes Licht und Wärme;
Aber des Abends, trostlos gezwungen,
Kehre sie wieder zurück
In das nasse Haus, in die öden Arme
Des greisen Gemahls.

Untergang der Sonne

„Badehemden, Beinkleider im Bade, sind nicht zu rathen, und mindern den Nutzen desselben", so der Arzt Dr. Vogel in seinen Baderegeln, die er 1798 den Badegästen mit auf den Weg gibt.

vereinen wissen. Stehen sie des Abends vor den erleuchteten Fenstern des Konversationshauses und betrachten dort die Verhandlungen der Herren und Damen, die verständlichen Blicke, die begehrlichen Grimassen, das lüsterne Tanzen, das vergnügte Schmausen, das habsüchtige Spielen usw., so bleibt das für diese Menschen nicht ohne schlimme Folgen, die von dem Geldgewinn, der ihnen durch die Badeanstalt zufließt, nimmermehr aufgewogen werden. Dieses Geld reicht nicht hin für die eindringenden, neuen Bedürfnisse; daher innere Lebensstörung, schlimmer Anreiz, großer Schmerz. Als ich ein Knabe war, fühlte ich immer eine brennende Sehnsucht, wenn schön gebackene Torten, wovon ich nichts bekommen sollte, duftig-offen bei mir vorübergetragen wurden; späterhin stachelte mich dasselbe Gefühl, wenn ich modisch entblößte, schöne Damen vorbeispazieren sah; und ich denke jetzt, die armen Insulaner, die noch in einem Kindheitszustande leben, haben hier oft Gelegenheit zu ähnlichen Empfindungen, und es wäre gut, wenn die Eigentümer der schönen Torten und Frauen solche etwas mehr verdeckten. Diese vielen unbedeckten Delikates-

Das frühere Konversationshaus auf Norderney ist heute das Kurhaus.

sen, woran jene Leute nur die Augen weiden können, müssen ihren Appetit sehr stark wecken, und wenn die armen Insulanerinnen in ihrer Schwangerschaft allerlei süß gebackene Gelüste bekommen und am Ende sogar Kinder zur Welt bringen, die den Badegästen ähnlich sehen, so ist das leicht zu erklären. Ich will hier durchaus auf kein unsittliches Verhältnis anspielen. Die Tugend der Insulanerinnen wird durch ihre Hässlichkeit und gar besonders durch ihren Fischgeruch, der mir wenigstens unerträglich war, vorderhand geschützt. Ich würde, wenn ihre Kinder mit badegästlichen Gesichtern zur Welt kommen, vielmehr ein psychologisches Phänomen erkennen und mir solches durch jene materialistisch-mystischen Gesetze erklären, die Goethe in den Wahlverwandtschaften so schön entwickelt.

Wie viele rätselhafte Naturerscheinungen sich durch jene Gesetze erklären lassen, ist erstaunlich. Als ich voriges Jahr, durch Seesturm, nach einer anderen ostfriesischen Insel verschlagen wurde, sah ich dort in einer Schifferhütte einen schlechten Kupferstich hängen, la tentation du vieillard überschrieben und einen Greis darstellend, der in seinen Studien gestört wird durch die Erscheinung eines Weibes, das bis an die nackten Hüften aus einer Wolke hervortaucht; und sonderbar! die Tochter des Schiffers hatte dasselbe lüsterne Mopsgesicht wie das Weib auf jenem Bilde. Um ein anderes Beispiel zu erwähnen: im Hause eines Geldwechslers, dessen geschäftführende Frau das Gepräge der Münzen immer am sorgfältigsten betrachtet, fand ich, dass die Kinder in ihren

Das Meer erglänzte weit hinaus,
Im letzten Abendscheine;
Wir saßen am einsamen Fischerhaus,
Wir saßen stumm und alleine.

Der Nebel stieg, das Wasser schwoll,
Die Möwe flog hin und wider;
Aus deinen Augen, liebevoll,
Fielen die Tränen nieder.

Ich sah sie fallen auf deine Hand,
Und bin aufs Knie gesunken;
Ich hab von deiner weißen Hand
Die Tränen fortgetrunken.

Seit jener Stunde verzehrt sich mein Leib,
Die Seele stirbt vor Sehnen; –
Mich hat das unglückselge Weib
Vergiftet mit ihren Tränen.

Gesichtern eine erstaunliche Ähnlichkeit hatten mit den größten Monarchen Europas, und wenn sie alle beisammen waren und miteinander stritten, glaubte ich einen kleinen Kongress zu sehen.

Deshalb ist das Gepräge der Münzen kein gleichgültiger Gegenstand für den Politiker. Da die Leute das Geld so innig lieben und gewiss liebevoll betrachten, so be-

Marienhöhe – auf dieser Düne schrieb Heine sein Gedicht „Das Meer erglänzte weit hinaus".

kommen die Kinder sehr oft die Züge des Landesfürsten, der darauf geprägt ist, und der arme Fürst kommt in den Verdacht, der Vater seiner Untertanen zu sein. Die Bourbonen haben ihre guten Gründe, die Napoleonsdor einzuschmelzen; sie wollen nicht mehr unter ihren Franzosen so viele Napoleonsköpfe sehen. Preußen hat es in der Münzpolitik am weitesten gebracht, man weiß es dort durch eine verständige Beimischung von Kupfer so einzurichten, dass die Wangen des Königs auf der neuen Scheidemünze gleich rot werden, und seit einiger Zeit haben daher die Kinder in Preußen ein weit gesünderes Ansehen als früherhin, und es ist ordentlich eine Freude, wenn man ihre blühenden Silbergroschengesichtchen betrachtet.

Ich habe, indem ich das Sittenverderbnis andeutete, womit die Insulaner hier bedroht sind, die geistliche Schutzwehr, ihre Kirche, unerwähnt gelassen. Wie diese eigentlich aussieht, kann ich nicht genau berichten, da ich noch nicht darin gewesen. Gott weiß, dass ich ein guter Christ bin und oft sogar im Begriff stehe, sein Haus zu besuchen, aber ich werde immer fatalerweise daran verhindert, es findet sich gewöhnlich ein Schwätzer, der mich auf dem Wege festhält, und gelange ich auch einmal bis an die Pforten des Tempels, so erfasst mich unversehens eine spaßhafte Stimmung, und dann halte ich es für sündhaft, hineinzutreten. Vorigen Sonntag begegnete mir etwas der Art, indem mir vor der Kirchtür die Stelle aus Goethes Faust in den Kopf kam, wo dieser mit dem Mephistopheles bei einem Kreuze vorübergeht und ihn fragt:

Mephisto, hast du Eil?
Was schlägst vorm Kreuz die Augen nieder?

Und worauf Mephistopheles antwortet:

Ich weiß es wohl, es ist ein Vorurteil;
Allein es ist mir mal zuwider.

Diese Verse sind, soviel ich weiß, in keiner Ausgabe des Fausts gedruckt, und bloß der selige Hofrat Moritz, der sie aus Goethes Manuskript kannte, teilt sie mit in seinem „Philipp Reiser“, einem schon verschollenen Romane, der die Geschichte des Verfassers enthält oder vielmehr die Geschichte einiger hundert Taler, die der Verfasser nicht hatte, und wodurch sein ganzes Leben eine Reihe von Entbehrungen und Entsagungen wurde, während doch seine Wünsche nichts weniger als unbescheiden waren, wie z. B. sein Wunsch, nach Weimar zu gehen und bei dem Dichter des Werthers Bedienter zu werden, unter welchen Bedingungen es auch sei, um nur in der Nähe desjenigen zu leben, der von allen Menschen auf Erden den stärksten Eindruck auf sein Gemüt gemacht hatte.
Wunderbar! damals schon erregte Goethe eine solche Begeisterung, und doch ist erst „unser drittes nachwachsendes Geschlecht“ imstande, seine wahre Größe zu begreifen.
Aber dieses Geschlecht hat auch Menschen hervorgebracht, in deren Herzen nur faules Wasser sintert und die daher in den Herzen anderer alle Springquellen ei-

nes frischen Blutes verstopfen möchten, Menschen von erloschener Genussfähigkeit, die das Leben verleumden und anderen alle Herrlichkeit dieser Welt verleiden wollen, indem sie solche als die Lockspeisen schildern, die der Böse bloß zu unserer Versuchung hingestellt habe, gleich wie eine pfiffige Hausfrau die Zuckerdose, mit den gezählten Stückchen Zucker, in ihrer Abwesenheit offen stehen lässt, um die Enthaltsamkeit der Magd zu prüfen; und diese Menschen haben einen Tugendpöbel um sich versammelt und predigen ihm das Kreuz gegen den großen Heiden und gegen seine nackten Göttergestalten, die sie gern durch ihre vermummten dummen Teufel ersetzen möchten.

Das Vermummen ist so recht ihr höchstes Ziel, das Nacktgöttliche ist ihnen fatal, und ein Satyr hat immer seine guten Gründe, wenn er Hosen anzieht und darauf dringt, dass auch Apollo Hosen anziehe. Die Leute nennen ihn dann einen sittlichen Mann und wissen nicht, dass in dem Clauren-Lächeln eines vermummten Satyrs mehr Anstößiges liegt als in der ganzen Nacktheit eines Wolfgang Apollo, und dass just in den Zeiten, wo die Menschheit jene Pluderhosen trug, wozu sechzig Ellen

Zeug nötig waren, die Sitten nicht anständiger gewesen sind als jetzt.

Aber werden es mir nicht die Damen übel nehmen, dass ich Hosen, statt Beinkleider, sage? Oh, über das Feingefühl der Damen! Am Ende werden nur Eunuchen für sie schreiben dürfen, und ihre Geistesdiener im Okzident werden so harmlos sein müssen wie ihre Leibdiener im Orient.

Hier kommt mir ins Gedächtnis eine Stelle aus „Bertholds Tagebuch“:

„‚Wenn wir es recht überdenken, so stecken wir doch alle nackt in unseren Kleidern‘, sagte der Doktor M. zu einer Dame, die ihm eine etwas derbe Äußerung übel genommen hatte.“

Der hannövrische Adel ist mit Goethe sehr unzufrieden und behauptet: er verbreite Irreligiosität, und diese könne leicht auch falsche politische Ansichten hervorbringen, und das Volk müsse doch durch den alten Glauben zur alten Bescheidenheit und Mäßigung zurückgeführt werden. Auch hörte ich in der letzten Zeit viel diskutieren: ob Goethe größer sei als Schiller oder umgekehrt. Ich stand neulich hinter dem Stuhle einer Dame, der man schon von hinten ihre vierundsechzig Ahnen ansehen konnte, und hörte über jenes Thema einen eifrigen Diskurs zwischen ihr und zwei hannövrischen Nobilis, deren Ahnen schon auf dem Zodiakus von Dendera abgebildet sind und wovon der eine, ein langmagerer, quecksilbergefüllter Jüngling, der wie ein Barometer aussah, die Schiller'sche Tugend und Reinheit pries, während der andere, ebenfalls ein lang aufgeschossener Jüngling, einige Verse aus der „Würde der Frauen“ hinlispelte und dabei so süß lächelte wie ein Esel, der den Kopf in ein Sirupfass gesteckt hatte und sich wohlgefällig die Schnauze ableckt. Beide Jünglinge verstärkten ihre Behauptungen beständig mit dem beteuernden Refrain: „Er ist doch größer, Er ist wirklich größer, wahrhaftig, Er ist größer, ich versichere Sie auf Ehre, Er ist größer.“ Die Dame war so gütig, auch mich in dieses ästhetische Gespräch zu ziehen, und fragte: „Doktor, was halten Sie von Goethe?“ Ich aber legte meine Arme kreuzweis auf die Brust, beugte gläubig das Haupt und sprach: „La illah ill Allah, wa mohammed rasul Allah!“

Die Dame hatte, ohne es selbst zu wissen, die allerschlaueste Frage getan. Man kann ja einen Mann nicht geradezu fragen: Was denkst du von Himmel und Erde? was sind deine Ansichten über Menschen und Menschenleben? bist du ein vernünftiges Geschöpf oder ein dummer Teufel? Diese delikaten Fragen liegen aber alle in den unverfänglichen Worten: Was halten Sie von Goethe? Denn, indem uns allen Goethes Werke vor Augen liegen, so können wir das Urteil, das jemand darüber fället, mit dem unsrigen schnell vergleichen, wir bekommen dadurch einen festen Maßstab, womit wir gleich alle seine Gedanken und Gefühle messen können, und er hat unbewusst sein eignes Urteil gesprochen. Wie aber Goethe, auf diese Weise, weil er eine gemeinschaftliche Welt ist, die der Betrachtung eines jeden offen liegt, uns das beste Mittel wird, um die Leute kennen zu lernen, so können wir wiederum Goethe selbst am besten kennen lernen durch sein eignes Urteil über Gegenstände, die uns allen vor Augen liegen und worüber uns schon die bedeutendsten Menschen ihre Ansichten mitgeteilt haben. In dieser Hinsicht möchte ich am liebsten auf Goethes „Italienische Reise" hindeuten, indem wir alle, entweder durch eigne Betrachtung oder durch fremde Vermittelung, das Land Italien kennen und dabei so leicht bemerken, wie jeder dasselbe mit subjektiven Augen ansieht, dieser mit archenhölzern unmutigen Augen, die nur das Schlimme sehen, jener mit begeisterten Corinnaaugen, die überall nur das Herrliche sehen, während Goethe, mit seinem klaren Griechenauge, alles sieht, das Dunkle und das Helle, nirgends die Dinge mit seiner Gemütsstimmung koloriert und uns Land und Menschen schildert in den wahren Umrissen und wahren Farben, womit sie Gott umkleidet.

Das ist ein Verdienst Goethes, das erst spätere Zeiten erkennen werden; denn wir, die wir meist alle krank sind, stecken viel zu sehr in unseren kranken, zerrissenen, romantischen Gefühlen, die wir aus allen Ländern und Zeitaltern zusammengelesen, als dass wir unmittelbar sehen könnten, wie gesund, einheitlich und plastisch sich Goethe in seinen Werken zeigt. Er selbst merkt es ebenso wenig; in seiner naiven Unbewusstheit des eignen Vermögens wundert er sich, wenn man ihm „ein gegenständliches Denken" zuschreibt, und indem er durch seine Selbstbiographie uns selbst eine kritische Beihilfe zum Beurteilen seiner Werke geben will, liefert er doch keinen Maßstab der Beurteilung an und für sich, sondern nur neue Fakta, woraus man ihn beurteilen kann, wie es ja natürlich ist, dass kein Vogel über sich selbst hinauszufliegen vermag.

Spätere Zeiten werden, außer jenem Vermögen des plastischen Anschauens, Fühlens und Denkens, noch vieles in Goethe entdecken, wovon wir jetzt keine Ahnung haben. Die Werke des Geistes sind ewig feststehend, aber die Kritik ist etwas Wandelbares, sie geht hervor aus den Ansichten der Zeit, hat nur für diese ihre Bedeutung, und wenn sie nicht selbst kunstwertlicher Art ist, wie z. B. die Schlegel'sche, so geht sie mit ihrer Zeit zu Grabe. Jedes Zeitalter, wenn es neue Ideen bekommt, bekommt auch neue Augen und sieht gar viel Neues in den alten Geisteswerken. Ein Schubarth sieht jetzt in der Ilias etwas anderes und viel mehr als sämtliche Alexandriner; dagegen werden einst Kritiker kommen, die viel mehr als Schubarth in Goethe sehen.

So hätte ich mich dennoch an Goethe festgeschwatzt! Aber solche Abschweifungen sind sehr natürlich, wenn einem, wie auf dieser Insel, beständig das Meergeräusch in die Ohren dröhnt und den Geist nach Belieben stimmt.

Es geht ein starker Nordostwind, und die Hexen haben wieder viel Unheil im Sinne. Man hegt hier nämlich wunderliche Sagen von Hexen, die den Sturm zu beschwören wissen; wie es denn überhaupt auf allen

An den Mastbaum gelehnt, auf dem hohen Verdeck,
Stand ich und hört' ich des Vogels Gesang.
Wie schwarzgrüne Rosse mit silbernen Mähnen
Sprangen die weiß gekräuselten Wellen;
Wie Schwänenzüge schifften vorüber,
Mit schimmernden Segeln, die Helgoländer,
Die kecken Nomaden der Nordsee;
Über mir, in dem ewigen Blau,
Flatterte weißes Gewölk
Und prangte die ewige Sonne,
Die Rose des Himmels, die feuerblühende,
Die freudvoll sich im Meer bespiegelte;
Und Himmel und Meer und mein eignes Herz
Ertönten im Nachhall:
Sie liebt ihn! Sie liebt ihn!

Der Phönix

nordischen Meeren viel Aberglauben gibt. Die Seeleute behaupten, manche Insel stehe unter der geheimen Herrschaft ganz besonderer Hexen und dem bösen Willen derselben sei es zuzuschreiben, wenn den vorbeifahrenden Schiffen allerlei Widerwärtigkeiten begegnen. Als ich voriges Jahr einige Zeit auf der See lag, erzählte mir der Steuermann unseres Schiffes: die Hexen wären besonders mächtig auf der Insel Wight und suchten jedes Schiff, das bei Tage dort vorbeifahren wolle, bis zur Nachtzeit aufzuhalten, um es alsdann an Klippen oder an die Insel selbst zu treiben. In solchen Fällen höre man diese Hexen so laut durch die Luft sausen und um das Schiff herumheulen, dass der Klabotermann ihnen nur mit vieler Mühe widerstehen könne. Als ich nun fragte: wer der Klabotermann sei? antwortete der Erzähler sehr ernsthaft: „Das ist der gute, unsichtbare Schutzpatron der Schiffe, der da verhütet, dass den treuen und ordentlichen Schiffern Unglück begegne, der da überall selbst nachsieht und sowohl für die Ordnung wie für die gute Fahrt sorgt." Der wackere Steuermann versicherte mit etwas heimlicher Stimme: ich könne ihn selber sehr gut im Schiffsraume hören, wo er die Waren gern noch besser nachstaue, daher das Knarren der Fässer und Kisten, wenn das Meer hochgehe, daher bisweilen das Dröhnen unserer Balken und Bretter; oft hämmere der Klabotermann auch außen am Schiffe, und das gelte dann dem Zimmermanne, der dadurch gemahnt werde, eine schadhafte Stelle ungesäumt auszubessern; am liebsten aber setze er sich auf das Bramsegel, zum Zeichen, dass guter Wind wehe oder sich nahe. Auf meine Frage: ob man ihn nicht sehen könne? erhielt ich zur Antwort: Nein, man sähe ihn nicht, auch wünsche keiner ihn zu sehen, da er sich nur dann zeige, wenn keine Rettung mehr vorhanden sei. Einen solchen Fall hatte zwar der gute Steuermann noch nicht selbst erlebt, aber von andern wollte er wissen: den Klabotermann höre man alsdann vom Bramsegel herab mit den Geistern sprechen, die ihm untertan sind; doch wenn der Sturm zu stark und das Scheitern unvermeidlich würde, setze er sich auf das Steuer, zeige sich da zum ersten Mal und verschwinde, indem er das Steuer zerbräche – diejenigen aber, die ihn in diesem furchtbaren Augenblick sähen, fänden unmittelbar darauf den Tod in den Wellen.

Der Schiffskapitän, der dieser Erzählung mit zugehört hatte, lächelte so fein, wie ich seinem rauen, wind- und wetterdienenden Gesichte nicht zugetraut hätte, und nachher versicherte er mir: vor fünfzig und gar vor hundert Jahren sei auf dem Meere der Glaube an den Klabotermann so stark gewesen, dass man bei Tische immer auch ein Gedeck für denselben aufgelegt und von jeder Speise etwa das Beste auf seinen Teller gelegt habe, ja, auf einigen Schiffen geschähe das noch jetzt. –

Ich gehe hier oft am Strande spazieren und gedenke solcher seemännischen Wundersagen. Die anziehendste derselben ist wohl die Geschichte vom Fliegenden Holländer, den man im Sturm mit aufgespannten Segeln vorbeifahren sieht und der zuweilen ein Boot aussetzt, um den begegnenden Schiffern allerlei Briefe mitzugeben, die man nachher nicht zu besorgen weiß, da sie an längst verstorbene Personen adressiert sind. Manchmal gedenke ich auch des alten, lieben Märchens von dem Fischerknaben, der am Strande den nächtlichen Reigen der Meernixen belauscht hatte und nachher mit seiner Geige die ganze Welt durchzog und alle Menschen zauberhaft entzückte, wenn er

ihnen die Melodie des Nixenwalzers vorspielte. Diese Sage erzählte mir einst ein lieber Freund, als wir im Konzerte zu Berlin solch einen wundermächtigen Knaben, den Felix Mendelssohn-Bartholdy, spielen hörten.

Einen eigentümlichen Reiz gewährt das Kreuzen um die Insel. Das Wetter muss aber schön sein, die Wolken müssen sich ungewöhnlich gestalten und man muss rücklings auf dem Verdecke liegen und in den Himmel sehen, und allenfalls auch ein Stückchen Himmel im Herzen haben. Die Wellen murmeln alsdann allerlei wunderliches Zeug, allerlei Worte, woran liebe Erinnerungen flattern, allerlei Namen, die, wie süße Ahnung, in der Seele widerklingen – „Evelina!" Dann kommen auch Schiffe vorbeigefahren und man grüßt, als ob man sich alle Tage wiedersehen könnte. Nur des Nachts hat das Begegnen fremder Schiffe auf dem Meere etwas Unheimliches; man will sich dann einbilden, die besten Freunde, die wir seit Jahren nicht gesehen, führen schweigend vorbei, und man verlöre sie auf immer.

Ich liebe das Meer wie meine Seele.

Oft wird mir sogar zumute, als sei das Meer eigentlich meine Seele selbst; und wie es im Meere verborgene Wasserpflanzen gibt, die nur im Augenblick des Aufblühens an dessen Oberfläche heraufschwimmen und im Augenblick des Verblühens wieder hinabtauchen: so kommen zuweilen auch wunderbare Blumenbilder heraufgeschwommen aus der Tiefe meiner Seele und duften und leuchten und verschwinden wieder – „Evelina!"

Man sagt, unfern dieser Insel, wo jetzt nichts als Wasser ist, hätten einst die schönsten Dörfer und Städte gestanden, das Meer habe sie plötzlich alle überschwemmt, und bei klarem Wetter sähen die Schiffer noch die leuchtenden Spitzen der versunkenen Kirchtürme, und mancher habe dort, in der Sonntagsfrühe, sogar ein frommes Glockengeläute gehört. Die Geschichte ist wahr; denn das Meer ist meine Seele –

„Eine schöne Welt ist da versunken,
Ihre Trümmer blieben unten stehn,
Lassen sich als goldne Himmelsfunken
Oft im Spiegel meiner Träume sehn."

(W. Müller)

Erwachend höre ich dann ein verhallendes Glockengeläute und Gesang heiliger Stimmen – „Evelina!"

Derweilen, am flachen Gestade,
Über den flutenbefeuchteten Sand,
Schreitet ein Fremdling mit einem Herzen,
Das wilder noch als Wind und Wellen.
Wo er hintritt,
Sprühen Funken und knistern die Muscheln;
Und er hüllt sich fest in den grauen Mantel
Und schreitet rasch durch die wehende Nacht; –
Sicher geleitet vom kleinen Lichte,
Das lockend und lieblich schimmert
Aus einsamer Fischerhütte.

Die Nacht am Strande

Geht man am Strande spazieren, so gewähren die vorbeifahrenden Schiffe einen schönen Anblick. Haben sie die blendend weißen Segel aufgespannt, so sehen sie aus wie vorbeiziehende, große Schwäne. Gar besonders schön ist dieser Anblick, wenn die Sonne hinter dem vorbeisegelnden Schiffe untergeht und dieses, wie von einer riesigen Glorie, umstrahlt wird.

Die Jagd am Strande soll ebenfalls ein großes Vergnügen gewähren. Was mich betrifft, so weiß ich es nicht sonderlich zu schätzen. Der Sinn für das Edle, Schöne und Gute lässt sich oft durch Erziehung den Menschen beibringen; aber der Sinn für die Jagd liegt im Blute. Wenn die Ahnen schon seit undenklichen Zeiten Rehböcke geschossen haben, so findet auch der Enkel ein Vergnügen an dieser legitimen Beschäftigung. Meine Ahnen gehörten aber nicht zu den Jagenden, viel eher zu den Gejagten, und soll ich auf die Nachkömmlinge ihrer ehemaligen Kollegen losdrücken, so empört sich dawider mein Blut. Ja, aus Erfahrung weiß ich, dass, nach abgesteckter Mensur, es mir weit leichter wird, auf einen Jäger loszudrücken, der die Zeiten zurückwünscht, wo auch Menschen zur hohen Jagd gehörten. Gottlob, diese Zeiten sind vorüber! Gelüstet es jetzt solche Jäger, wieder einen Menschen zu jagen, so müssen sie ihn dafür bezahlen, wie z. B. den Schnellläufer, den ich vor zwei Jahren in Göttingen sah. Der arme Mensch hatte sich schon in der schwülen Sonntagshitze ziemlich müde gelaufen, als einige hannövrische Junker, die dort Humaniora studierten, ihm ein paar Taler boten, wenn er den zurückgelegten Weg nochmals laufen wolle; und der Mensch lief, und er war todblass und trug eine rote Jacke, und dicht hinter ihm, im wirbelnden Staube, galoppierten die wohl genährten, edlen Jünglinge auf hohen Rossen, deren Hufe zuweilen den gehetzten, keuchenden Menschen trafen, und es war ein Mensch.

Des Versuchs halber, denn ich muss mein Blut besser gewöhnen, ging ich gestern auf die Jagd. Ich schoss nach einigen Möwen, die gar zu sicher umherflatterten und doch nicht bestimmt wissen konnten, dass ich schlecht schieße. Ich wollte sie nicht treffen und sie nur warnen, sich ein andermal vor Leuten mit Flinten in Acht zu nehmen; aber mein Schuss ging fehl und ich hatte das Unglück, eine junge Möwe totzuschießen. Es ist gut, dass es keine alte war; denn was wäre dann aus den armen,

kleinen Möwchen geworden, die noch unbefiedert im Sandneste der großen Düne liegen und ohne die Mutter verhungern müssten. Mir ahndete schon vorher, dass mich auf der Jagd ein Missgeschick treffen würde; ein Hase war mir über den Weg gelaufen.

Gar besonders wunderbar wird mir zumute, wenn ich allein in der Dämmerung am Strande wandle – hinter mir flache Dünen, vor mir das wogende, unermessliche Meer, über mir der Himmel wie eine riesige Kristallkuppel – ich erscheine mir dann selbst sehr ameisenklein, und dennoch dehnt sich meine Seele so weltenweit. Die hohe Einfachheit der Natur, wie sie mich hier umgibt, zähmt und erhebt mich zu gleicher Zeit, und zwar in stärkerem Grade als jemals eine andere erhabene Umgebung. Nie war mir ein Dom

Am blassen Meeresstrande
Saß ich gedankenbekümmert und einsam.
Die Sonne neigte sich tiefer und warf
Glührote Streifen auf das Wasser,
Und die weißen, weiten Wellen,
Von der Flut gedrängt,
Schäumten und rauschten näher und näher –
Ein seltsam Geräusch, ein Flüstern und Pfeifen,
Ein Lachen und Murmeln, Seufzen und Sausen,
Dazwischen ein wiegenliedheimliches Singen –
Mir war, als hört ich verschollne Sagen,
Uralte, liebliche Märchen,
Die ich einst, als Knabe,
Von Nachbarskindern vernahm,
Wenn wir am Sommerabend
Auf den Treppensteinen der Haustür
Zum stillen Erzählen niederkauerten,
Mit kleinen horchenden Herzen ...

Abenddämmerung

groß genug; meine Seele mit ihrem alten Titanengebet strebte immer höher als die gotischen Pfeiler und wollte immer hinausbrechen durch das Dach. Auf der Spitze der Rosstrappe haben mir beim ersten Anblick die kolossalen Felsen in ihren kühnen Gruppierungen ziemlich imponiert; aber dieser Eindruck dauerte nicht lange, meine Seele war nur überrascht, nicht überwältigt, und jene ungeheuren Steinmassen wurden in meinen Augen allmählich kleiner, und am Ende erschienen sie mir nur wie geringe Trümmer eines zerschlagenen Riesenpalastes, worin sich meine Seele vielleicht komfortabel befunden hätte.

Mag es immerhin lächerlich klingen, ich kann es dennoch nicht verhehlen, das Missverhältnis zwischen Körper und Seele quält mich einigermaßen, und hier am Meere, in großartiger Naturumgebung, wird es mir zuweilen recht deutlich und die Metempsychose ist oft der Gegenstand meines Nachdenkens. Wer kennt die große Gottesironie, die allerlei Widersprüche zwischen Seele und Körper hervorzubringen pflegt. Wer kann wissen, in welchem Schneider jetzt die Seele eines Platos und in welchem Schulmeister die Seele eines Cäsars wohnt! Wer weiß, ob die Seele Gregors VII. nicht in dem Leibe des Großtürken sitzt und sich unter tausend hätschelnden Weiberhändchen behaglicher fühlt als einst in ihrer purpurnen Zölibatskutte. Hingegen wie viele Seelen treuer Moslemim aus Alis Zeiten mögen sich jetzt in unseren antihellenischen Kabinettern befinden! Die Seelen der beiden Schächer, die zur Seite des Heilands gekreuzigt worden, sitzen vielleicht jetzt in dicken Konsistorialbäuchen und glühen für den orthodoxen Lehrbegriff. Die Seele Dschingis-Khans wohnt vielleicht jetzt in einem Rezensenten, der täglich, ohne es zu wissen, die Seelen seiner treuesten Baschkiren und Kalmücken in einem kritischen Journale niedersäbelt. Wer weiß! wer weiß! die Seele des Pythagoras ist vielleicht in einen armen Kandidaten gefahren, der durch das Examen fällt, weil er den pythagoreischen Lehrsatz nicht beweisen konnte, während in seinen Herren Examinatoren die Seelen jener Ochsen wohnen, die einst Pythagoras, aus Freude über die Entdeckung seines Satzes, den ewigen Göttern geopfert hatte. Die Hindus sind so dumm nicht, wie unsere Missionare glauben, sie ehren die Tiere wegen der menschlichen Seele, die sie in ihnen vermuten, und wenn sie Lazarette für invalide Affen stiften, in der Art unserer Akademien, so kann es wohl möglich sein, dass in jenen Affen die Seelen großer Gelehrten wohnen, da es hingegen bei uns ganz sichtbar ist, dass in einigen großen Gelehrten nur Affenseelen stecken.

Wer doch mit der Allwissenheit des Vergangenen auf das Treiben der Menschen von oben herabsehen könnte! Wenn ich des Nachts am Meere wandelnd den Wellengesang höre und allerlei Ahnung und Erinnerung in mir erwacht, so ist mir, als habe ich einst solchermaßen von oben herabgesehen und sei vor schwindelndem Schrecken zur Erde heruntergefallen; es ist mir dann auch, als seien meine Augen so teleskopisch scharf gewesen, dass ich die Sterne in Lebensgröße am Himmel wandeln gesehen und durch all den wirbelnden Glanz geblendet worden; – wie aus der Tiefe eines Jahrtausends kommen mir dann allerlei Gedanken in den Sinn, Gedanken uralter Weisheit, aber sie sind so neblicht, dass ich nicht erkenne, was sie wollen. Nur so viel weiß ich, dass all unser kluges Wissen, Streben und Hervorbringen irgendeinem höheren Geiste ebenso klein und nichtig erscheinen muss, wie mir jene Spinne erschien, die ich in der Göttinger Bibliothek so oft betrachtete. Auf den Folianten der Weltgeschichte saß sie emsig webend, und sie blickte so philosophisch sicher auf ihre Umgebung und hatte ganz den göttingischen Gelahrtheitsdünkel und schien stolz zu sein auf ihre mathematischen Kenntnisse, auf ihre Kunstleistungen, auf ihr einsames Nachdenken – und doch wusste sie nichts von all den Wundern, die in dem Buche stehen, worauf sie geboren worden, worauf sie ihr ganzes Leben verbracht hatte und worauf sie auch sterben wird, wenn der schleichende Dr. L. sie nicht verjagt. Und wer ist der schleichende Dr. L.? Seine Seele wohnte vielleicht einst in eben einer solchen Spinne, und jetzt hütet er die Folianten, worauf er einst saß – und wenn er sie auch liest, er erfährt doch nicht ihren wahren Inhalt.

Was mag auf dem Boden einst geschehen sein, wo ich jetzt wandle? Ein Konrektor, der hier badete, wollte behaupten, hier sei einst der Dienst der Hertha oder, besser gesagt, Forsete, begangen worden, wovon Tacitus so geheimnisvoll spricht. Wenn

nur die Berichterstatter, denen Tacitus nacherzählt, sich nicht geirrt und eine Badekutsche für den heiligen Wagen der Göttin angesehen haben!
Im Jahr 1819, als ich zu Bonn, in einem und demselben Semester, vier Kollegien hörte, worin meistens deutsche Antiquitäten aus der blauesten Zeit traktiert wurden, nämlich 1. Geschichte der deutschen Sprache bei Schlegel, der fast drei Monat' lang die barocksten Hypothesen über die Abstammung der Deutschen entwickelte, 2. die Germania des Tacitus bei Arndt, der in den altdeutschen Wäldern jene Tugenden suchte, die er in den Salons der Gegenwart vermisste, 3. germanisches Staatsrecht bei Hüllmann, dessen historische Ansichten noch am wenigsten vage sind, und 4. deutsche Urgeschichte bei Radloff, der am Ende des Semesters noch nicht weiter gekommen war, als bis zur Zeit des Sesostris – damals möchte wohl die Sage von der alten Hertha mich mehr interessiert haben als jetzt. Ich ließ sie durchaus nicht auf Rügen residieren und versetzte sie vielmehr nach einer ostfriesischen Insel. Ein junger Gelehrter hat gern seine Privathypothese. Aber auf keinen Fall hätte ich damals ge-

glaubt, dass ich einst am Strande der Nordsee wandeln würde, ohne an die alte Göttin mit patriotischer Begeisterung zu denken. Es ist wirklich nicht der Fall, und ich denke hier an ganz andre, jüngere Göttinnen. Absonderlich wenn ich am Strande über die schaurige Stelle wandle, wo noch jüngst die schönsten Frauen, gleich Nixen, geschwommen. Denn weder Herren noch Damen baden hier unter einem Schirm, sondern spazieren in die freie See. Deshalb sind auch die Badestellen beider Geschlechter voneinander geschieden, doch nicht allzu weit, und wer ein gutes Glas führt, kann überall in der Welt viel sehen. Es geht die Sage, ein neuer Aktäon habe auf solche Weise eine badende Diana erblickt, und wunderbar! nicht er, sondern der Gemahl der Schönen habe dadurch Hörner erworben.

Die Badekutschen, die Droschken der Nordsee, werden hier nur bis ans Wasser geschoben und bestehen meistens aus viereckigen Holzgestellen mit steifem Leinen überzogen. Jetzt, für die Winterzeit, stehen sie im Konversationssaale und führen dort gewiss ebenso hölzerne und steifleinene Gespräche wie die vornehme Welt, die noch unlängst dort verkehrte.

Wenn ich aber sage, die vornehme Welt, so verstehe ich nicht darunter die guten Bürger Ostfrieslands, ein Volk, das flach und nüchtern ist wie der Boden, den es bewohnt, das weder singen noch pfeifen kann, aber dennoch ein Talent besitzt, das besser ist als alle Triller und Schnurrpfeifereien, ein Talent, das den Menschen adelt und über jene windigen Dienstseelen erhebt, die allein edel zu sein wähnen, ich meine das Talent der Freiheit. Schlägt das Herz für Freiheit, so ist ein solcher Schlag des Herzens ebenso gut wie ein Ritterschlag, und das wissen die freien Friesen, und sie verdienen ihr Volksepitheton; die Häuptlingsperiode abgerechnet, war die Aristokratie in Ostfriesland niemals vorherrschend, nur sehr wenige adlige Familien haben dort gewohnt und der Einfluss des hannövrischen Adels durch Verwaltungs- und Militärstand, wie er sich jetzt über das Land hinzieht, betrübt manches freie Friesenherz, und überall zeigt sich die Vorliebe für die ehemalige preußische Regierung.

Was aber die allgemeinen deutschen Klagen über hannövrischen Adelstolz betrifft, so kann ich nicht unbedingt einstimmen. Das hannövrische Offizierkorps gibt am wenigsten Anlass zu solchen Klagen. Freilich, wie in Madagaskar nur Adlige das Recht haben, Metzger zu werden, so hatte früherhin der hannövrische Adel ein analoges Vorrecht, da nur Adlige zum Offizierrange gelangen konnten. Seitdem sich aber in der deutschen Legion so viele Bürgerliche ausgezeichnet und zu Offizierstellen emporgeschwungen, hat auch jenes üble Gewohnheitsrecht nachgelassen. Ja, das ganze Korps der deutschen Legion hat viel beigetragen zur Milderung alter Vorurteile, diese Leute sind weit herum in der Welt gewesen, und in der Welt sieht man viel, besonders in England, und sie haben viel gelernt, und es ist eine Freude, ihnen zuzuhören, wenn sie von Portugal, Spanien, Sizilien, den jonischen Inseln, Irland und anderen weiten Ländern sprechen, wo sie gefochten und „vieler Menschen Städte gesehen und Sitten gelernet“, sodass man glaubt, eine Odyssee zu hören, die leider keinen Homer finden wird. Auch ist unter den Offizieren dieses Korps viel freisinnige, englische Sitte geblieben, die mit dem altherkömmlichen hannövrischen Brauch stärker kontrastiert, als wir es im übrigen Deutschland glauben wollen, da wir gewöhnlich dem

Die schöne Sonne
Ist ruhig hinabgestiegen ins Meer;
Die wogenden Wasser sind schon gefärbt
Von der dunkeln Nacht,
Nur noch die Abendröte
Überstreut sie mit goldnen Lichtern;
Und die rauschende Flutgewalt
Drängt ans Ufer die weißen Wellen,
Die lustig und hastig hüpfen,
Wie wollige Lämmerherden,
Die abends der singende Hirtenjunge
Nach Hause treibt.

Untergang der Sonne

Beispiele Englands viel Einwirkung auf Hannover zuschreiben. In diesem Lande Hannover sieht man nichts als Stammbäume, woran Pferde gebunden sind, und vor lauter Bäumen bleibt das Land obskur, und trotz allen Pferden kommt es nicht weiter. Nein, durch diesen hannövrischen Adelswald drang niemals ein Sonnenstrahl britischer Freiheit, und kein britischer Freiheitston konnte jemals vernehmbar werden im wiehernden Lärm hannövrischer Rosse.

Die allgemeine Klage über hannövrischen Adelstolz trifft wohl zumeist die liebe Jugend gewisser Familien, die das Land Hannover regieren oder mittelbar zu regieren glauben. Aber auch die edlen Jünglinge würden bald jene Fehler der Art oder, besser gesagt, jene Unart ablegen, wenn sie ebenfalls etwas in der Welt herumgedrängt würden oder eine bessere Erziehung genössen. Man schickt sie freilich nach Göttingen, doch da hocken sie beisammen und sprechen nur von ihren Hunden, Pferden und Ahnen und hören wenig neuere Geschichte, und wenn sie auch wirklich einmal dergleichen hören, so sind doch unterdessen ihre Sinne befangen durch den Anblick des Grafentisches, der, ein Wahrzeichen Göttingens, nur für hochgeborene Studenten bestimmt ist. Wahrlich, durch eine bessere Erziehung des jungen hannövrischen Adels ließe sich vielen Klagen vorbauen. Aber die Jungen werden wie die Alten. Derselbe Wahn: als wären sie die Blumen der Welt, während wir anderen bloß das Gras sind; dieselbe Torheit: mit dem Verdienste der Ahnen den eigenen Unwert bedecken zu wollen; dieselbe Unwissenheit über das Problematische dieser Verdienste, indem die wenigsten bedenken, dass die Fürsten selten ihre treuesten und tugendhaftesten Diener, aber sehr oft den Kuppler, den Schmeichler und dergleichen Lieblingsschufte mit adelnder Huld beehrt haben. Die wenigsten jener Ahnenstolzen können bestimmt angeben, was ihre Ahnen getan haben, und sie zeigen nur, dass ihr Name in Rüxners Turnierbuch erwähnt sei; – ja, können sie auch nachweisen, dass diese Ahnen etwa als Kreuzritter bei der Eroberung Jerusalems zugegen waren, so sollten sie, ehe sie sich etwas darauf zugute tun, auch beweisen, dass jene Ritter ehrlich mitgefochten haben, dass ihre Eisenhosen nicht mit gelber Furcht wattiert worden und dass unter ihrem roten Kreuze das Herz eines honetten Mannes gesessen. Gäbe es keine Ilias, sondern bloß ein Namensverzeichnis der Helden, die vor Troja gestanden, und ihre Namen existierten noch jetzt – wie würde sich der Ahnenstolz derer von Thersites zu blähen wissen! Von der Reinheit des Blutes will ich gar nicht einmal sprechen; Philosophen und Stallknechte haben darüber gar seltsame Gedanken.

Mein Tadel, wie gesagt, treffe zumeist die schlechte Erziehung des hannövrischen Adels und dessen früh eingeprägten Wahn von der Wichtigkeit einiger andressierten Formen. Oh! wie oft habe ich lachen müssen, wenn ich bemerkte, wie viel man sich auf diese Formen zugute tat; – als sei es sogar überaus schwer zu erlernen dieses Repräsentieren, dieses Präsentieren, dieses Lächeln ohne etwas zu sagen, dieses Sagen ohne etwas zu denken, und all diese adligen Künste, die der gute Bürgersmann als Meerwunder angafft und die doch jeder französische Tanzmeister besser innehat als der deutsche Edelmann, dem sie in der bärenleckenden Lutetia mühsam eingeübt worden, und der sie zu Hause wieder mit deutscher Gründlichkeit und Schwerfälligkeit seinen Deszendenten überliefert. Dies erinnert mich an die Fabel von dem Bären, der auf Märkten tanzte, seinem fahrenden Lehrer entlief, zu seinen Mitbären in den Wald zurückkehrte und ihnen vorprahlte: wie das Tanzen eine so gar schwere Kunst sei und wie weit er es darin gebracht habe – und in der Tat, den Proben, die er von seiner Kunst ablegte, konnten die armen Bestien ihre Bewunderung nicht versagen. Jene Nation, wie sie Werther nennt, bildete die vornehme Welt, die hier dieses Jahr zu Wasser und zu Lande geglänzt hat, und es waren lauter liebe, liebe Leute, und sie haben alle gut gespielt.

Auch fürstliche Personen gab es hier, und ich muss gestehen, dass diese in ihren Ansprüchen bescheidener waren als die geringere Noblesse. Ob aber diese Bescheidenheit in den Herzen dieser hohen Personen liegt oder ob sie durch ihre äußere Stellung hervorgebracht wird, das will ich unentschieden lassen. Ich sage dieses nur in Beziehung auf deutsche mediatisierte Fürsten. Diesen Leuten ist in der letzten Zeit ein großes Unrecht geschehen, indem man sie einer Souveränität beraubte, wozu sie ein ebenso gutes Recht haben wie die größeren Fürsten, wenn man nicht etwa annehmen will, dass dasjenige, was sich nicht durch eigene Kraft erhalten kann, auch kein Recht hat zu existieren. Für das viel zersplitterte Deutschland war es aber eine Wohltat, dass diese Anzahl von Sedezdespötchen ihr Regieren einstellen mussten. Es ist schrecklich, wenn man bedenkt, wie viele derselben wir armen Deutschen zu ernähren haben. Wenn diese Mediatisierten auch nicht mehr das Zepter führen, so führen sie doch noch immer Löffel, Messer und Gabel, und sie essen keinen Hafer, und auch der Hafer wäre teuer genug. Ich denke, dass wir einmal durch Amerika etwas von dieser Fürstenlast erleichtert werden. Denn früh oder spät werden sich doch die Präsidenten dortiger Freistaaten in Souveräne verwandeln, und dann fehlt es diesen Herren an Gemahlinnen, die schon einen legitimen Anstrich haben, sie sind dann froh, wenn wir ihnen unsere Prinzessinnen überlassen, und wenn sie sechs nehmen, geben wir ihnen die siebente gratis, und auch unsre Prinzchen können sie späterhin bei ihren Töchtern employieren; – daher haben die mediatisierten Fürsten sehr politisch gehandelt, als sie sich wenigstens das Gleichbürtigkeitsrecht erhielten und

„Es ist aber jetzt so öde auf der Insel, dass ich mir vorkomme wie Napoleon auf Sankt Helena“.

ihre Stammbäume ebenso hoch schätzten wie die Araber die Stammbäume ihrer Pferde, und zwar aus derselben Absicht, indem sie wohl wissen, dass Deutschland von jeher das große Fürstengestüte war, das alle regierenden Nachbarhäuser mit den nötigen Mutterpferden und Beschälern versehen muss.

In allen Bädern ist es ein altes Gewohnheitsrecht, dass die abgegangenen Gäste von den zurückgebliebenen etwas stark kritisiert werden, und da ich der Letzte bin, der noch hier weilt, so durfte ich wohl jenes Recht in vollem Maße ausüben.

Es ist aber jetzt so öde auf der Insel, dass ich mir vorkomme wie Napoleon auf Sankt Helena. Nur dass ich hier eine Unterhaltung gefunden, die jenem dort fehlte. Es ist nämlich der große Kaiser selbst, womit ich mich hier beschäftige. Ein junger Engländer hat mir das eben erschienene Buch des Maitland mitgeteilt. Dieser Seemann berichtet die Art und Weise, wie Napoleon sich ihm ergab und auf dem Bellerophon sich betrug, bis er auf Befehl des englischen Ministeriums an Bord des Northumberland gebracht wurde. Aus diesem Buche ergibt sich sonnenklar, dass der Kaiser in romantischem Vertrauen auf britische Großmut und um

Das Meer hat seine Perlen,
Der Himmel hat seine Sterne,
Aber mein Herz, mein Herz,
Mein Herz hat seine Liebe.

Groß ist das Meer und der Himmel,
Doch größer ist mein Herz,
Und schöner als Perlen und Sterne
Leuchtet und strahlt meine Liebe.

Du kleines, junges Mädchen,
Komm an mein großes Herz;
Mein Herz und das Meer und der Himmel
Vergehn vor lauter Liebe.

Nachts in der Kajüte

der Welt endlich Ruhe zu schaffen, zu den Engländern ging, mehr als Gast denn als Gefangener. Das war ein Fehler, den gewiss kein anderer und am allerwenigsten ein Wellington begangen hätte. Die Geschichte aber wird sagen, dieser Fehler ist so schön, so erhaben, so herrlich, dass dazu mehr Seelengröße gehörte, als wir anderen zu allen unseren Großtaten erschwingen können.

Die Ursache, weshalb Cap. Maitland jetzt sein Buch herausgibt, scheint keine andere zu sein als das moralische Reinigungsbedürfnis, das jeder ehrliche Mann fühlt, den ein böses Geschick in eine zweideutige Handlung verflochten hat. Das Buch selbst ist aber ein unschätzbarer Gewinn für die Gefangenschaftsgeschichte Napoleons, die den letzten Akt seines Lebens bildet, alle Rätsel der früheren Akte wunderbar löst, wie es eine echte Tragödie tun soll, die Gemüter erschüttert, reinigt und versöhnt. Der Charakterunterschied der vier Hauptschriftsteller, die uns von dieser Gefangenschaft berichten, besonders wie er sich in Stil und Anschauungsweise bekundet, zeigt sich erst recht durch ihre Zusammenstellung.

Maitland, der sturmkalte, englische Seemann, verzeichnet die Begebenheiten vorurteilslos und bestimmt, als wären es Naturerscheinungen, die er in sein Logbook einträgt; Las Cases, ein enthusiastischer Kammerherr, liegt in jeder Zeile, die er schreibt, zu den Füßen des Kaisers, nicht wie ein russischer Sklave, sondern wie ein freier Franzose, dem die Bewunderung einer unerhörten Heldengröße und Ruhmeswürde unwillkürlich die Knie beugt; O'Meara, der Arzt, obgleich in Irland geboren dennoch ganz Engländer, als solcher ein ehemaliger Feind des Kaisers, aber jetzt anerkennend die Majestätsrechte des Unglücks, schreibt freimütig, schmucklos, tatbeständlich, fast im Lapidarstil; hingegen kein Stil, sondern ein Stilett ist die spitzige, zustoßende Schreibart des französischen Arztes, Antommarchi, eines Italieners, der ganz besonnentrunken ist von dem Ingrimm und der Poesie seines Landes.

Beide Völker, Briten und Franzosen, lieferten von jeder Seite zwei Männer, gewöhnlichen Geistes und unbestochen von der herrschenden Macht, und diese Jury hat den Kaiser gerichtet und verurteilet: ewig zu leben, ewig bewundert, ewig bedauert. Es sind schon viele große Männer über diese Erde geschritten, hier und da sehen wir die leuchtenden Spuren ihrer Fußstapfen, und in heiligen Stunden treten sie wie Nebelgebilde vor unsere Seele; aber ein ebenfalls großer Mann sieht seine Vorgänger weit deutlicher, aus einzelnen Funken ihrer irdischen Lichtspur erkennt er ihr geheimstes Tun, aus einem einzigen hinterlassenen Worte erkennt er alle Falten ihres Herzens; und solchermaßen, in einer mystischen Gemeinschaft, leben die großen Männer aller Zeiten, über die Jahrtausende hinweg nicken sie einander zu und sehen sich an bedeutungsvoll, und ihre Blicke begegnen sich auf den Gräbern untergegangener Geschlechter, die sich zwischen sie gedrängt hatten, und sie verstehen sich und haben sich lieb. Wir Kleinen aber, die wir nicht so intimen Umgang pflegen können mit den Großen der Vergangenheit, wovon wir nur selten die Spur und Nebelformen sehen, für uns ist es vom höchsten Werte, wenn wir über einen solchen Großen so viel erfahren, dass es uns leicht wird, ihn ganz lebensklar in unsre Seele aufzunehmen und dadurch unsre Seele zu erweitern. Ein solcher ist Napoleon Bonaparte. Wir wissen von ihm, von seinem Leben und Streben, mehr als von den andern Großen dieser Erde, und täglich erfahren wir davon noch mehr und mehr. Wir sehen, wie das verschüttete Götterbild langsam ausgegraben wird, und mit jeder Schaufel Erdschlamm, die man von ihm abnimmt, wächst unser freudiges Erstaunen über das Ebenmaß und die Pracht der edlen Formen, die da hervortreten, und die Geistesblitze der Feinde, die das große Bild zerschmettern wollen, dienen nur dazu, es desto glanzvoller zu beleuchten. Solches geschieht namentlich durch die Äußerungen der Frau von Staël, die in all ihrer Herbheit doch nichts anders sagt, als dass der Kaiser kein Mensch war wie die andern und dass sein Geist mit keinem vorhandenen Maßstab gemessen werden kann.

Ein solcher Geist ist es, worauf Kant hindeutet, wenn er sagt: dass wir uns einen Verstand denken können, der, weil er nicht wie der unsrige diskursiv, sondern intuitiv ist, vom synthetisch Allgemeinen, der Anschauung eines Ganzen als eines solchen, zum Besonderen geht, das ist, von dem Ganzen zu den Teilen. Ja, was wir durch langsames analytisches Nachdenken und lange Schlussfolgen erkennen, das hatte jener Geist im selben Momente ange-

Hoch am Himmel stand die Sonne,
Von weißen Wolken umwogt,
Das Meer war still,
Und sinnend lag ich am Steuer des Schiffes,
Träumerisch sinnend, – und halb im Wachen
Und halb im Schlummer schaute ich Christus,
Den Heiland der Welt.
Im wallend weißen Gewande
Wandelt' er riesengroß
Über Land und Meer;
Es ragte sein Haupt in den Himmel,
Die Hände streckte er segnend
Über Land und Meer;
Und als ein Herz in der Brust
Trug er die Sonne,
Die rote, flammende Sonne,
Und das rote, flammende Sonnenherz
Goss seine Gnadenstrahlen
Und sein holdes, liebseliges Licht,
Erleuchtend und wärmend,
Über Land und Meer.

Frieden

schaut und tief begriffen. Daher sein Talent, die Zeit, die Gegenwart zu verstehen, ihren Geist zu kajolieren, ihn nie zu beleidigen und immer zu benutzen.
Da aber dieser Geist der Zeit nicht bloß revolutionär ist, sondern durch den Zusammenfluss beider Ansichten, der revolutionären und der contrerevolutionären, gebildet worden, so handelte Napoleon nie ganz revolutionär und nie ganz contrerevolutionär, sondern immer im Sinne beider Ansichten, beider Prinzipien, beider Bestrebungen, die in ihm ihre Vereinigung fanden, und demnach handelte er beständig naturgemäß, einfach, groß, nie krampfhaft barsch, immer ruhig milde. Daher intrigierte er nie im Einzelnen, und seine Schläge geschahen immer durch seine Kunst, die Massen zu begreifen und zu lenken. Zur verwickelten, langsamen Intrige neigen sich kleine, analytische Geister, hingegen synthetische, intuitive Geister wissen auf wunderbar geniale Weise die Mittel, die ihnen die Gegenwart bietet, so zu verbinden, dass sie dieselben zu ihrem Zwecke schnell benutzen können. Erstere scheitern sehr oft, da keine menschliche Klugheit alle Vorfallenheiten des Lebens voraussehen kann und die Verhältnisse des Lebens nie lange stabil sind; Letzteren hingegen, den intuitiven Menschen, gelingen ihre Vorsätze am leichtesten, da sie nur einer richtigen Berechnung des Vorhandenen bedürfen und so schnell handeln, dass dieses durch die Bewegung der Lebenswogen keine plötzliche, unvorhergesehene Veränderung erleiden kann.
Es ist ein glückliches Zusammentreffen, dass Napoleon gerade zu einer Zeit gelebt hat, die ganz besonders viel Sinn hat für Geschichte, ihre Erforschung und Darstellung. Es werden uns daher durch die Memoiren der Zeitgenossen wenige Notizen über Napoleon vorenthalten werden, und täglich vergrößert sich die Zahl der Geschichtsbücher, die ihn mehr oder minder im Zusammenhang mit der übrigen Welt schildern wollen. Die Ankündigung eines solchen Buches aus Walter Scotts Feder erregt daher die neugierigste Erwartung.
Alle Verehrer Scotts müssen für ihn zittern; denn ein solches Buch kann leicht der russische Feldzug jenes Ruhmes werden, den er mühsam erworben durch eine Reihe historischer Romane, die mehr durch ihr Thema als durch ihre poetische Kraft alle Herzen Europas bewegt haben.

Dieses Thema ist aber nicht bloß eine elegische Klage über Schottlands volkstümliche Herrlichkeit, die allmählich verdrängt wurde von fremder Sitte, Herrschaft und Denkweise; sondern es ist der große Schmerz über den Verlust der Nationalbesonderheiten, die in der Allgemeinheit neuerer Kultur verloren gehen, ein Schmerz, der jetzt in den Herzen aller Völker zuckt. Denn Nationalerinnerungen liegen tiefer in der Menschen Brust, als man gewöhnlich glaubt. Man wage es nur, die alten Bilder wieder auszugraben, und über Nacht blüht hervor auch die alte Liebe mit ihren Blumen. Das ist nicht figürlich gesagt, sondern es ist eine Tatsache: als Bullock vor einigen Jahren ein altheidnisches Steinbild in Mexiko ausgegraben, fand er den andern Tag, dass es nächtlicherweile mit Blumen bekränzt worden; und doch hatte Spanien, mit Feuer und Schwert, den alten Glauben der Mexikaner zerstört und seit drei Jahrhunderten ihre Gemüter gar stark umgewühlt und gepflügt und mit Christentum besäet. Solche Blumen aber blühen auch in den Walter-Scott'schen Dichtungen, diese Dichtungen selbst wecken die alten Gefühle, und wie einst in Granada Männer und Weiber mit dem Geheul der Verzweiflung aus den Häusern stürzten, wenn das Lied vom Einzug des Maurenkönigs auf den Straßen erklang, dergestalt, dass bei Todesstrafe verboten wurde, es zu singen: so hat der Ton, der in den Scott'schen Dichtungen herrscht, eine ganze Welt schmerzhaft erschüttert. Dieser Ton klingt wider in den Herzen unseres Adels, der seine Schlösser und Wappen verfallen sieht, er klingt wider in den Herzen des Bürgers, dem die behaglich enge Weise der Altvordern verdrängt wird durch weite, unerfreuliche Modernität; er klingt wider in katholischen Domen, woraus der Glaube entflohen, und in rabbinischen Synagogen, woraus sogar die Gläubigen fliehen; er klingt über die ganze Erde, bis in die Banianenwälder Hindostans, wo der seufzende Brahmine das Absterben seiner Götter, die Zerstörung ihrer uralten Weltordnung und den ganzen Sieg der Engländer voraussieht.

Dieser Ton, der gewaltigste, den der schottische Barde auf seiner Riesenharfe anzuschlagen weiß, passt aber nicht zu dem Kaiserliede von dem Napoleon, dem neuen Manne, dem Manne der neuen Zeit, dem Manne, worin diese neue Zeit so

Abendlich blasser wird es am Meer,
Und einsam, mit seiner einsamen Seele,
Sitzt dort ein Mann auf dem kahlen Strand,
Und schaut, todkalten Blickes, hinauf
Nach der weiten, todkalten Himmelswölbung,
Und schaut auf das weite, wogende Meer –
Und über das weite, wogende Meer,
Lüftesegler, ziehn seine Seufzer
Und kehren zurück, trübselig,
Und hatten verschlossen gefunden das Herz,
Worin sie ankern wollten –
Und er stöhnt so laut, dass die weißen Möwen,
Aufgescheucht aus den sandigen Nestern,
Ihn herdenweis umflattern,
Und er spricht zu ihnen die lachenden Worte:

„Schwarzbeinigte Vögel,
Mit weißen Flügeln meerüberflatternde,
Mit krummen Schnäbeln seewassersaufende,
Und tranigtes Robbenfleisch fressende,
Eur Leben ist bitter wie eure Nahrung!
Ich aber, der Glückliche, koste nur Süßes!
Ich koste den süßen Duft der Rose,
Der mondscheingefütterten Nachtigallenbraut;
Ich koste noch süßeres Zuckerbackwerk,
Gefüllt mit geschlagener Sahne;
Und das Allersüßeste kost ich,
Süße Liebe und süßes Geliebtsein.“

Der Gesang der Okeaniden

leuchtend sich abspiegelt, dass wir dadurch fast geblendet werden und unterdessen nimmermehr denken an die verschollene Vergangenheit und ihre verbliebene Pracht. Es ist wohl zu vermuten, dass Scott seiner Vorneigung gemäß jenes angedeutete, stabile Element im Charakter Napoleons, die contrerevolutionäre Seite seines Geistes vorzugsweise auffassen wird, statt dass andere Schriftsteller bloß das revolutionäre Prinzip in ihm erkennen. Von dieser letzteren Seite würde ihn Byron geschildert haben, der in seinem ganzen Streben den Gegensatz zu Scott bildete, und statt, gleich diesem, den Untergang der alten Formen zu beklagen, sich sogar von denen, die noch stehen geblieben sind, verdrießlich beengt fühlt, sie mit revolutionärem Lachen und Zähnefletschen niederreißen möchte und in diesem Ärger die heiligsten Blumen des Lebens mit seinem melodischen Gifte beschädigt und sich wie ein wahnsinniger Harlekin den Dolch ins Herz stößt, um mit dem hervorströmenden, schwarzen Blute Herren und Damen neckisch zu bespritzen.

Wahrlich, in diesem Augenblicke fühle ich sehr lebhaft, dass ich kein Nachbeter oder besser gesagt Nachfrevler Byrons bin, mein Blut ist nicht so spleenisch schwarz, meine Bitterkeit kommt nur aus den Galläpfeln meiner Tinte, und wenn Gift in mir ist, so ist es doch nur Gegengift, Gegengift wider jene Schlangen, die im Schutte der alten Dome und Burgen so bedrohlich lauern. Von allen großen Schriftstellern ist Byron just derjenige, dessen Lektüre mich am unleidlichsten berührt; wohingegen Scott mir, in jedem seiner Werke das Herz erfreut, beruhigt und erkräftigt. Mich erfreut sogar die Nachahmung derselben, wie wir sie bei W. Alexis, Bronikowski und Cooper finden, welcher Erstere im ironischen „Walladmor“ seinem Vorbilde am nächsten steht und uns auch in einer späteren Dichtung so viel Gestalten- und Geistesreichtum gezeigt hat, dass er wohl imstande wäre, mit poetischer Ursprünglichkeit, die sich nur der scottischen Form bedient, uns die teuersten Momente deutscher Geschichte in einer Reihe historischer Novellen vor die Seele zu führen.

Aber keinem wahren Genius lassen sich bestimmte Bahnen vorzeichnen, diese liegen außerhalb aller kritischen Berechnung, und so mag es auch als ein harmloses Gedankenspiel betrachtet werden, wenn ich über W. Scotts Kaisergeschichte mein Vorurteil aussprach. „Vorurteil" ist hier der umfassendste Ausdruck. Nur eins lässt sich mit Bestimmtheit sagen: Das Buch wird gelesen werden vom Aufgang bis zum Niedergang, und wir Deutschen werden es übersetzen.

Wir haben auch den Ségur übersetzt. Nicht wahr, es ist ein hübsches episches Gedicht? Wir Deutschen schreiben auch epische Gedichte, aber die Helden derselben existieren bloß in unserem Kopfe. Hingegen die Helden des französischen Epos sind wirkliche Helden, die viel größere Taten vollbracht und viel größere Leiden gelitten, als wir in unseren Dachstübchen ersinnen können. Und wir haben doch viel Phantasie, und die Franzosen haben nur wenig. Vielleicht hat deshalb der liebe Gott den Franzosen auf eine andere Art nachgeholfen, und sie brauchen nur treu zu erzählen, was sie in den letzten dreißig Jahren gesehen und getan, und sie haben eine erlebte Literatur, wie noch kein Volk und keine Zeit sie hervorgebracht. Diese Memoiren von Staatsleuten, Soldaten und edlen Frauen, wie sie in Frankreich täglich erscheinen, bilden einen Sagenkreis, woran die Nachwelt genug zu denken und zu singen hat und worin, als dessen Mittelpunkt, das Leben des großen Kaisers, wie ein Riesenbaum, emporragt. Die Ségur'sche Geschichte des Russlandzuges ist ein Lied, ein französisches Volkslied, das zu diesem Sagenkreise gehört und in seinem Tone und Stoffe den epischen Dichtungen aller Zeiten gleicht und gleichsteht. Ein Heldengedicht, das durch den Zauberspruch „Freiheit und Gleichheit" aus dem Boden Frankreichs emporgeschossen, hat wie im Triumphzug, berauscht von Ruhm und geführt von dem Gotte des Ruhmes selbst, die Welt durchzogen, erschreckt und verherrlicht, tanzt endlich den rasselnden Waffentanz auf den Eisfeldern des Nordens, und diese brechen ein, und die Söhne des Feuers und der Freiheit gehen zugrunde durch Kälte und Sklaven.

Solche Beschreibung oder Prophezeiung des Untergangs einer Heldenwelt ist Grundton und Stoff der epischen Dichtungen aller Völker. Auf den Felsen von Ellore und anderer indischer Grottentempel steht solche epische Katastrophe eingegraben mit Riesenhieroglyphen, deren

Die Wogen murmeln, die Möwen schrillen,
Alte Erinnrungen wehen mich an,
Vergessene Träume, erloschene Bilder,
Qualvoll süße, tauchen hervor!

Es lebt ein Weib im Norden,
Ein schönes Weib, königlich schön.
Die schlanke Zypressengestalt
Umschließt ein lüstern weißes Gewand;
Die dunkle Lockenfülle,
Wie eine selige Nacht
Von dem flechtengekrönten Haupt sich ergießend,
Ringelt sich träumerisch süß
Um das süße, blasse Antlitz;
Und aus dem süßen, blassen Antlitz,
Groß und gewaltig, strahlt ein Auge
Wie eine schwarze Sonne.

Der Schiffbrüchige

Schlüssel im Mahabharata zu finden ist; der Norden hat in nicht minder steinernen Worten, in seiner „Edda", diesen Götteruntergang ausgesprochen; das Lied der Nibelungen besingt dasselbe tragische Verderben und hat in seinem Schlusse noch ganz besondere Ähnlichkeit mit der Ségur'schen Beschreibung des Brandes von Moskau; das Rolandslied von der Schlacht bei Roncisval, dessen Worte verschollen, dessen Sage aber noch nicht erloschen und noch unlängst von einem der größten Dichter des Vaterlandes, von Immermann, heraufbeschworen worden, ist ebenfalls der alte Unglücksgesang; und gar das Lied von Ilion verherrlicht am schönsten das alte Thema und ist doch nicht großartiger und schmerzlicher als das französische Volkslied, worin Ségur den Untergang seiner Heroenwelt besungen hat. Ja, dieses ist ein wahres Epos, Frankreichs Heldenjugend ist der schöne Heros, der früh dahinsinkt, wie wir solches Leid schon sahen in dem Tode Baldurs, Siegfrieds, Rolands und Achilles', die ebenso durch Unglück und Verrat gefallen; und jene Helden, die wir in der „Ilias" bewundert, wir finden sie wieder im Liede des Ségur, wir sehen sie ratschlagen, zanken und kämpfen, wie einst vor dem skäischen Tore; ist auch die Jacke des Königs von Neapel etwas allzu buntscheckig modern, so ist doch sein Schlachtmut und Übermut ebenso groß wie der des Peliden; ein Hektor an Milde und Tapferkeit steht vor uns Prinz Eugen, der edle Ritter, Ney kämpft wie ein Ajax, Berthier ist ein Nestor ohne Weisheit, Davoust, Daru, Caulaincourt usw., in ihnen wohnen die Seelen des Menelaos, des Odysseus, des Diomedes – nur der Kaiser selbst findet nicht seinesgleichen, in seinem Haupte ist der Olymp des Gedichtes, und wenn ich ihn in seiner äußeren Herrschererscheinung mit dem Agamemnon vergleiche, so geschieht das, weil ihn, ebenso wie den größten Teil seiner herrlichen Kampfgenossen, ein tragisches Schicksal erwartete und weil sein Orestes noch lebt.

Wie die Scott'schen Dichtungen hat auch das Ségur'sche Epos einen Ton, der unsere Herzen bezwingt. Aber dieser Ton weckt nicht die Liebe zu längst verschollenen Tagen der Vorzeit, sondern es ist ein Ton, dessen Klangfigur uns die Gegenwart gibt, ein Ton, der uns für ebendiese Gegenwart begeistert.

Wir Deutschen sind doch wahre Peter Schlemihle! Wir haben auch in der letzten Zeit viel gesehen, viel ertragen, z. B. Einquartierung und Adelstolz; und wir haben unser edelstes Blut hingegeben, z. B. an England, das noch jetzt jährlich eine anständige Summe für abgeschossene deutsche Arme und Beine ihren ehemaligen Eigentümern zu bezahlen hat; und wir haben im Kleinen so viel Großes getan, dass, wenn man es zusammenrechnete, die größten Taten herauskämen, z. B. in Tirol; und wir haben viel verloren, z. B. unsern Schlagschatten, den Titel des lieben, heiligen, römischen Reichs – und dennoch, mit allen Verlusten, Opfern, Entbehrungen, Malheurs und Großtaten hat unsere Literatur kein einziges solcher Denkmäler des Ruhmes gewonnen, wie sie bei unseren Nachbaren gleich ewigen Trophäen täglich emporsteigen. Unsere Leipziger Messen haben wenig profitiert durch die Schlacht bei Leipzig. Ein Gothaer, höre ich, will sie noch nachträglich in epischer Form besingen; da er aber noch nicht weiß, ob er zu den 100000 Seelen gehört, die Hildburghausen bekommt, oder zu den 150000, die Meiningen bekommt, oder zu den 160000, die Altenburg bekommt, so kann er sein Epos noch nicht anfangen, er müsste denn beginnen: „Singe unsterbliche Seele, hildburghäusische Seele – meiningsche Seele, oder auch altenburgische Seele – Gleichviel singe, singe der sündigen Deutschen Erlösung!“ Dieser Seelenschacher im Herzen des Vaterlandes und dessen blutende Zerrissenheit lässt keinen stolzen Sinn und noch viel weniger ein stolzes Wort aufkommen, unsere schönsten Taten werden lächerlich durch den dummen Erfolg, und während wir uns unmutig einhüllen in den Purpurmantel des deutschen Heldenblutes, kommt ein politischer Schalk und setzt uns die Schellenkappe aufs Haupt.

Mit leichtem Rohr schrieb ich in den Sand:
„Agnes, ich liebe Dich!“
Doch böse Wellen ergossen sich
Über das süße Bekenntnis
Und löschten es aus.

Erklärung

Titelbild: Nordseestrand

Bibliografische Information Der Deutschen Bibliothek

Die Deutsche Bibliothek verzeichnet diese Publikation in der Deutschen Nationalbibliografie; detaillierte bibliografische Daten sind im Internet über http://dnb.ddb.de abrufbar.

Der Prosatext folgt der kritischen Ausgabe von Ernst Elster, Leipzig 1887–1890, jedoch unter Auslassung des letzten Absatzes und der folgenden Xenien.
Die Gedichte (Fragmente) entstammen dem „Buch der Lieder", „Die Nordsee" 1. und 2. Zyklus.

Die Rechtschreibung wurde den neuen amtlichen Regeln behutsam angeglichen.

Satz und Lithografie: Fotosatz Husum GmbH
Druck und Verarbeitung: Husum Druck- und Verlagsgesellschaft
Postfach 1480, D-25804 Husum – www.verlagsgruppe.de

ISBN 3-89876-139-8